生命探索 彩畫人生

U0031140

 Step1 生命色彩 彩虹筆（和色鉛筆）十種顏色 表示十全十美

 Step2 為自己的人生上色 人生彩色自己選擇
第一次三種顏色 表示停看聽
第二次三種顏色 表示真善美

 **Step3** 選自己最喜愛的六種顏色

覺年法師

1961年生於馬來西亞，祖籍廣東清遠，來自一個多元信仰的家庭。
童年時期因對生命的存在產生疑惑，
為尋求生命真義，1987年赴台灣就讀佛光山叢林學院。
四年後，於星雲大師座下披剃出家。
1995年起任職於台灣佛光山宜蘭縣靈山寺；
2003年擔任靈山寺監寺。
致力於實踐及推廣人間佛教生命探索教育，至今已有20餘年。

▶榮獲周大觀文教基金會「2021年全球生命文學創作獎章」

心為畫師

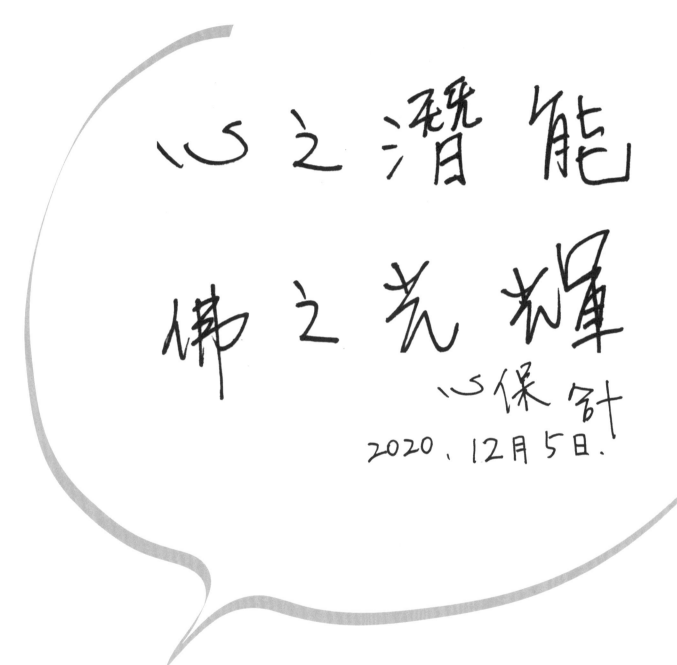

心之潛能
佛之光耀
心保 針
2020、12月5日、

心保和尚　佛光山現任宗長

2

才有梅花便不同

依空　佛光山文化院院長

　　唐代詩人劉禹錫的〈陋室銘〉:「山不在高,有仙則名;水不在深,有龍則靈。斯是陋室,惟吾德馨。苔痕上階綠,草色入簾青。談笑有鴻儒,往來無白丁。」用在佛光山頭城靈山寺,是最好的形容,而將靈山寺打造得如此吻合〈陋室銘〉氣象的,除了天然好山好水之外,還有駐錫靈山寺二十六年的監寺覺年法師。

　　覺年法師是馬來西亞人,二十二歲禮星雲大師披剃出家,隨後在大師的派任下,來到宜蘭頭城深山老林中的靈山寺,一住就是二十六年。常人看來,一寺一僧的二十六年頭是尋常事,但是當年年紀輕輕的比丘尼,獨自守住沒有水電,信件寄不到,救護車到不了,鎮日與蟲蛇為伴的偌大寺院,豈是不尋常可道盡!他唯一的精神寄託就是一幅星雲大師的畫像,唯一的想望就是想著佛光山,唯一的信念就是剃度恩師的一句話:「有佛法就有辦法」,從此他在靈山寺過上清簡的生活。

　　所幸他總能在老山林內就地取材,將靈山寺打點得氣象一新,漸漸的也吸引了文人雅士、青年男女前往,而後星雲大師指示覺年:「要走出去,帶大家玩,玩出慈悲,玩出智慧,玩出真善美。」開啟了覺年法師開設「生命探索」課程之先端,帶領一批又一批的青年,寓佛法、生命體驗於各種探索遊戲中。近幾年覺年法師更將系列課程帶到馬來西亞,開設大馬全國中學生的生命探索課程,也應邀到歐洲各國為當地相關人士做培訓,他真的做到了慧命師父的交代——走出去,玩出慈悲與智慧。

日前覺年法師邀我為他的「一筆畫」寫序，這是他繼生命探索課程之後又一創舉，別人生病或許怨聲載道，覺年法師生病悟出大師病中寫出「一筆字」，他何不追隨師父的精神，試畫「一筆畫」，這一畫畫出了三本，取名《生命探索繪圖ＡＢＣ》。

　　這三冊繪圖，看似坊間流行的纏繞畫，實則意義更大，略整理如下：

　　Ａ冊，從人初生之不易，籲請大眾珍惜因緣，到體解娑婆世間之於人類乃一大總相，本質是同體共生，甚至必須和解共生，共生才能吉祥，生命才能永續不斷。如果Ａ冊是總說，那麼Ｂ冊可以說是延伸Ａ冊精神的別冊，屬於次第道，三十四幅畫猶如三十四個修行法門，學不躐等，漸次增上。若因緣不具足，也可以擇一而行，隨「圖」起觀。Ｃ冊則擴而大之，從環保、護生、自律、慈悲等角度，展現人文關懷，做一個「共生地球人」，從而圓滿我人這期生命的殊勝任務。近百張手繪圖，各個獨立卻又環環相扣，可以看出覺年法師潛居深山近三十年，老實修行沉澱而成綿密不漏的巧智慧心。

　　師父的一句話，讓覺年法師落實了「山不在高，有寺則靈」，所謂「尋常一樣窗前月，才有梅花便不同。」之中的堅忍、慈悲、耐煩，全部顯現在「一筆畫」中。我為這位師兄喝采，樂為之序。

走出去，
玩出慈悲與智慧，
玩出真善美。

從畫作探索生命的真諦

楊朝祥　佛光大學校長

覺年法師，是一位致力於生命探索教育的心靈導師，和他談起話來總是能感到溫暖、明亮和喜悅。這一次，他要來點不一樣的，竟是變身成為畫家，真的，讓人驚訝的是，手中拿起畫筆，一幅幅的具有宗教情懷、探索生命的小故事，就這樣躍然紙上。現在，除了心靈導師之外，他又多了一個身分——那就是畫家。

猶記得不久之前，才為覺年法師《團體動力學——人間佛教生命探索教育》作序，旋即又將出版新書，他的文思和創意真是源源不絕，令人打從心底佩服。不同於以往的是，此次新作《生命探索繪圖ABC》是以真善美為主題的畫作，透過生命探索的模式，喚醒人們對自己生命及共生的反思(以手、眼、心到)，為自己人生上色，啟發生命的覺醒，訴說著正向思維、勉勵與祝福，帶來溫暖的力量，和不脫赤子之心的情懷，這是覺年法師心靈的投射，也是探索生命底蘊的映像。

覺年法師訴說著，他創作的緣起係源於星雲大師「一筆字」的精神，以「一筆畫」畫出對生命的熱愛、熱切及熱情，畫作中包括：從生之始(生物)至同體共生；從春之榮(時空)到心之藏(宇宙)；從大自然(共生)到真善美的傳承。他期望以畫會友、以畫助人。以「生命之始」為例，提到「力爭上游、人身難得，千辛萬苦、出身為人」，深刻寓意著，難得此身，把握今生，努力今朝，突破自我。法師的一言一語，一筆一觸，觸動著人們的內心，充滿著希望。

從覺年法師的創作題材俯拾皆是、信手拈來。此次新作《生命探索繪圖ABC》畫出近百幅作品，覺年法師匠心獨具，用他入世觀點與出世情懷，交織了一幅幅具有生命教育意涵的畫作，並在中正紀念堂等多處延續舉辦畫展，讓觀展者藉由實作體悟生命的真諦，同時透過出版傳達更多的讀者，探尋生命的磨礪與韌性，從而創造生命的價值。

於此，謹祝賀繪圖集出版問世，並盼覺年法師對生命的長情大愛，能夠影響更多他所關心之土地上的人們，一起歌頌生命，共創世間人的幸福。

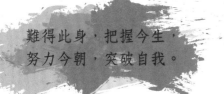

難得此身，把握今生，
努力今朝，突破自我。

生命探索繪圖 ABC 從一筆畫開始生命探索……
CONTENTS

· 兒童版

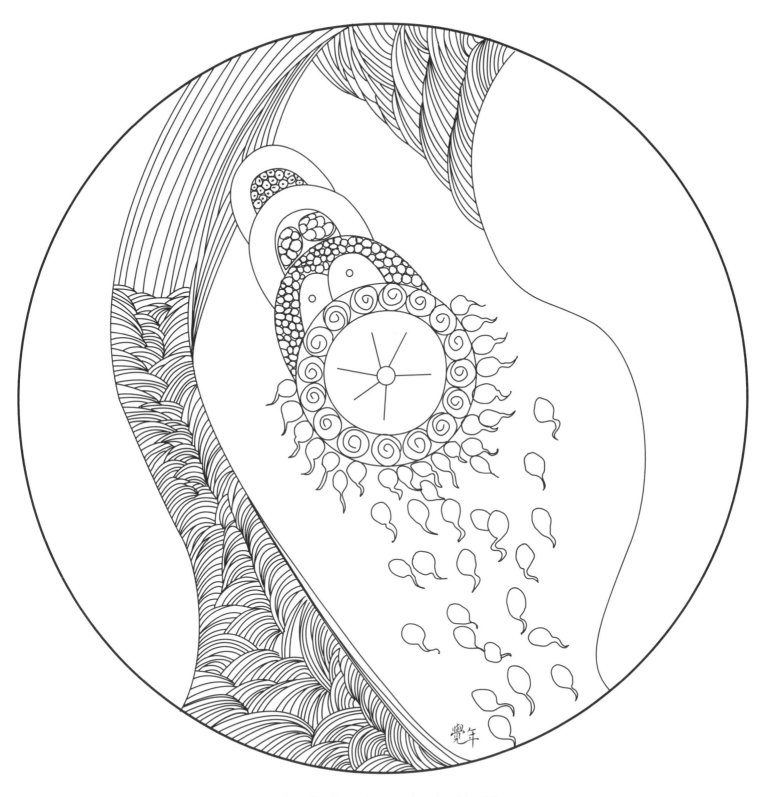

力爭上游　人身難得

千辛萬苦　出生為人

生命之始

A-01

生命之始的此圖外形是母親。

生命是由男生的精子與女生的卵子結合而成，生命能成為人的過程是非常辛苦和難能可貴的。

從醫學角度，人類青春期至成年，男女結合在一起後，方能受孕。

這猶如一隻瞎眼的海龜從海底往上游，海中有塊漂流木，木中有個洞，海龜頭能準確鑽入洞中的機率，微乎其微。

人的生命是偉大的母親用她的生命蘊育和很多因緣成就而來的，因此，一定要懂得珍惜。

探索對話
share

人生旅途　複雜交錯　若無目標　即失方向
生命導航　方向正確　趨吉避凶　才能圓滿

都會之迷

A-02

一個人的誕生，就像一台車子新車上路，

車子行駛在錯綜複雜的道路中，若沒有設定目標方向，必定會迷航。

同樣的，生命需要導航，才不會在光怪陸離、五光十色的紅塵中迷失。

探索對話
share

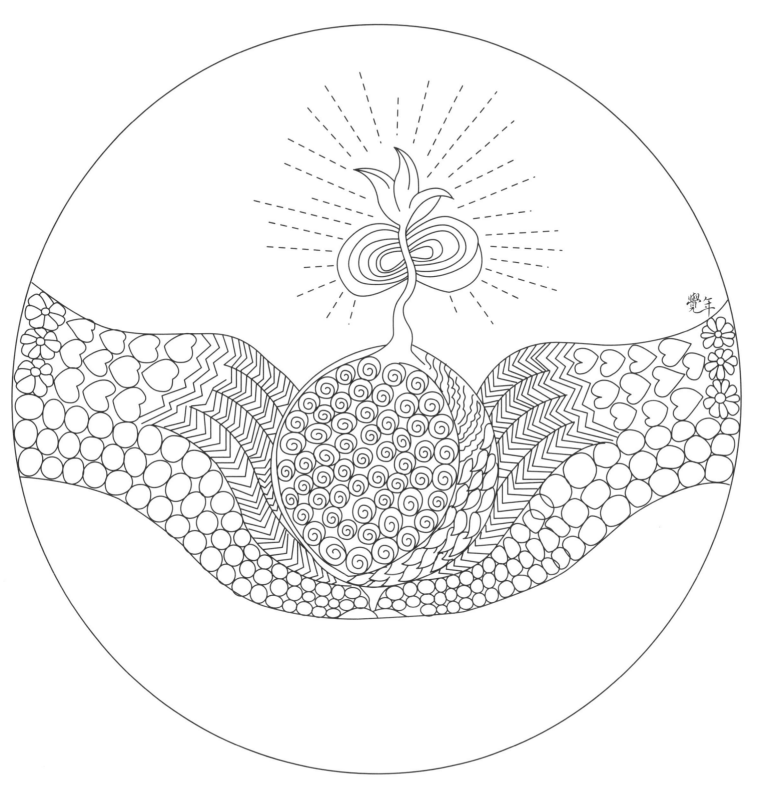

眾緣成就　天地恩澤　父母師長　親朋好友
日夜星辰　護佑成長

成長之恩
A-03

生命的成長，需要眾緣的成就，

天地的恩澤、父母的養育、師長、親朋好友的教導及護佑，

經過時間的堆疊中慢慢成長。

探索對話
share

光陰如雪球　一去不回頭
生老和無常　常伴其左右

生命起點

A-04

生命的起點和終點，如何定論？

能有多久？光陰如滾雪球般一去不回頭。

時間對每個人都是平等的，青春過了永不回頭。

而生老病死無常變化常伴左右，有人活一百歲，有人幾天就死亡，

這一生的生命能有多長，誰都沒有辦法掌握。

探索對話
share

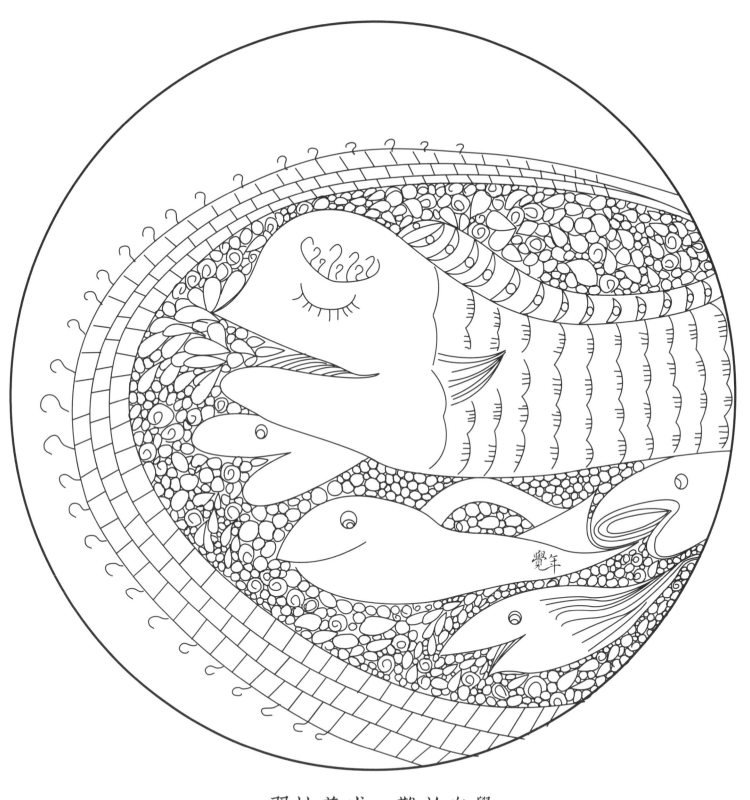

習性養成　難於自覺

欲海沉淪　如魚遭網

人之習性

A-05

生命在成長中，因愛惡喜好慢慢養成習性，而不自覺。

就如看不到自己的臉，要透過鏡子和他人才能知曉。

所以，人的習性，就像魚網中的魚兒，自在的游來游去，而不知自己在網子裡，

這個魚網即是七情六欲，欲望把我們的觀察、判斷能力及智慧蒙蔽了。

探索對話
share

人往高爬　水往低流　五欲之樂　頂峰孤寂
崇高墜落　合會當離　戲終人散　徒留惆悵

人生高塔

A-06

人往高處爬，水往低處流，

人為了吃喝玩樂，名利權勢而勞碌一生，

但最後曲終人散，徒留惆悵。

有人求名求利，有人求愛求完美，欲望無止境，

此生想要求取比山還高、比水長的成就。

但是，人生能長命百歲者幾兮？生命苦短，人生高峰為何？

探索對話
share

行為模式　如影隨行　影影複製　無窮無盡
善惡如種　遇緣生起

因果如影

A-07

人的生命旅途中，行為的模式就像影子，永遠如影隨形和無限的複製。

無論善惡的行為都會變成種子，種子不會變。

例如：種瓜得瓜、種豆得豆，不會種豆而得瓜，種苦瓜不會得木瓜。

但是，一切由緣方生起，緣可以改變一切。

如我們若種了苦瓜，即可從種子中給它因緣，基因改良（ＤＮＡ）種出不苦的苦瓜。

善惡如種，遇緣而生種種不同的變化，人的命運是可以改變，ＤＮＡ是可以翻轉，

例如：在四十年前，台灣人民生活過得很苦，

有很多父母親鼓勵支持孩子去讀書、學習創業，

力爭上游，子孫現在是教授、企業家、各行各業的專家。

這是從因中創造開發各種善緣，而產生的善果。

種子要有緣才能產生果，而緣是可以創造開發的。

探索對話
share

成住壞空　生住異滅　落葉歸根　瓜熟蒂落
強求因緣　何時圓？

天地法則
A-08

世間是因果循環的天地，其法則即成住壞空。

如瓜藤上的果實，若已經到瓜熟蒂落又如何強求？

人與人之間的關係，情愛也是如此，強求得到又怕失去，每天活得戰戰兢兢。

緣盡則散，落葉歸根，瓜熟蒂落，緣起緣滅，花開花謝，強求的因緣如何圓？

因為生命法則，陰晴圓缺，從古至今恆常不變，猶如果樹上的水果成熟自然掉下來。

探索對話
share

喜怒哀樂　七情六欲
人生面具　隨時更替

生命面具

A-09

人活在世上，每個人都有喜怒哀樂。

每天都帶著七情六欲的面具，在面對人際關係，群我之間，每時每刻都會分秒更替。

生活中見何人就戴何種面具，面具帶多了，而不知哪個才是真正的自己。

真我何處尋？又如何面對卸下面具後赤裸裸的自己。

探索對話
share

生命諸相　一切唯心
觀念深度　決定高度

相由心生

A-10

人不清楚自己是誰？

每個人都非常在意自己的容貌，卻又不知自己真正的相貌，因為相由心生。

即是一個心中充滿惡念自私的偽善，如氣球般容易破滅。

因此，人的容貌氣質，是由心念蘊集和經歲月薰習而呈現的結果。

例如：一位雕刻師刻畫惡魔，連自己至親的妻兒看到他也會怕，

爾後他為老和尚雕刻佛像，家人親友都非常歡喜和他在一起，

因為人的相貌會隨著心境和歲月因緣而改變。

人相、我相不是固定的，因此，皆為非相。

人的相貌是唯心而生，而心中思考、邏輯價值觀的深廣度，決定生命相貌的高度、溫度、美醜。

例如：若沉迷殺戮的電玩遊戲，久而久之，善心被覆蓋，暴戾之氣必充滿心中。

相由心生，選擇在自己的一念間，由自己決定。

探索對話
share

洪鐘驚迷夢　大夢誰先覺
夢中千條路　醒時無處尋

洪鐘之聲

A-11

人生奈何忙中亡，千秋萬世轉眼過。

人生在紅塵滾滾的塵世中，每天為了自己想要擁有的目標而忙碌。

人生如夢，夢中有千萬種的想法，皆因心中的貪嗔痴慢疑，千萬條路而醒時卻無處尋。

只有戒定慧的洪鐘之聲能傳千里，才能驚醒貪嗔痴的迷夢！

探索對話
share

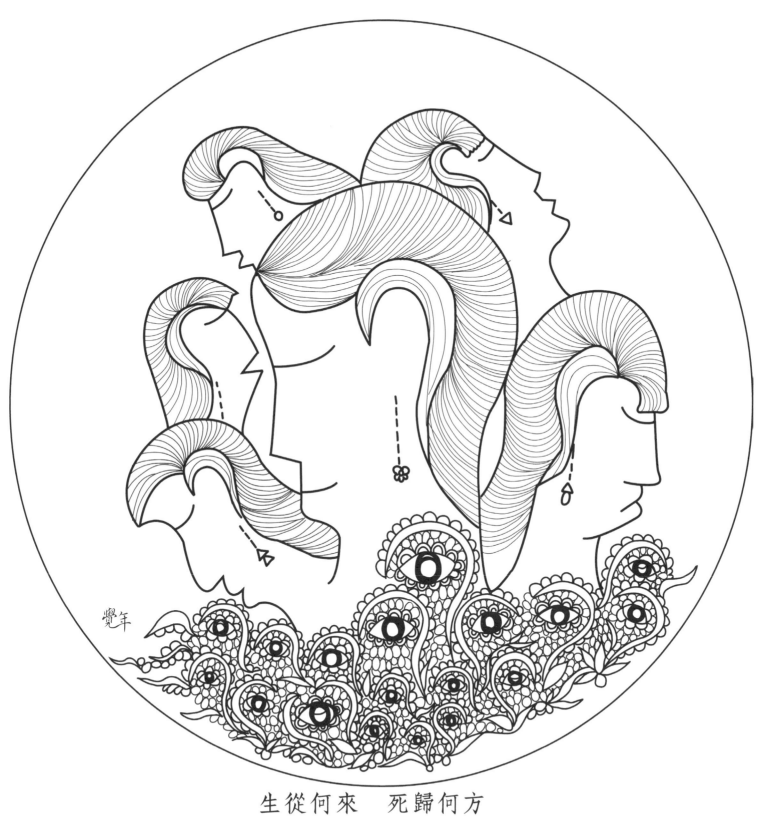

生從何來　死歸何方
生命本質　慧眼方知

生命之問

A-12

人生經過恩怨情仇，歲月的歷練，而對生命產生很多的問號？

人的生命從何而來？將歸何處？

生命只在呼吸一瞬間，一口氣上不來，

比死魚還沒價值，死魚可食可賣，

人死了還要花錢，還要勞動他人協助，

至親愛人不敢擁抱和代替，人的生命價值在哪裡？

要打開慧眼方能知曉。

探索對話
share

終生學習　自在解脫
腳踏實地　一步一腳印

拾階而上

A-13

要打開慧眼，必須終生學習。

學習的次第，必須拾階而上。

腳踏實地，一步一腳印，廣學多聞，正確的思維，

心才能撥亂反正，了解自在解脫之道。

探索對話
share

心中有大眾　能除自私
生活中有你　活而不虛

真實之心

A-14

真正了解自在解脫之方法，需有踏實之心，而非虛偽妄想之心。

而真實之心何處求？

方法是在日常生活中力行，要心存大眾，

去除自私，懷有一顆我在眾中，眾中有我的學習態度。

保有一顆感恩一切，生命中有你真好，才能活而不虛，生命不空過，天天踏實。

解脫生命煩惱之道，真實之心必須經過大眾考驗的養分滋潤才能成熟。

探索對話
share

開啟慧眼　心光顯現

照見虛實　亮麗人生

心開慧眼

A-15

有了真實之心，方可開啟智慧之眼。

慧眼開了看見心光，清淨的顯現，照見世間萬物的虛實。

生命不再迷惑，向亮麗的人生方向前進，專心用心看生命之道。

探索對話
share

福慧雙修　不偏不倚
正確知見　圓滿無礙

緣起中道
A-16

慧眼已開，專注用心，看生命之道即可領悟處世真理——緣起中道。

即福慧雙修，不偏不倚，不落空有，虛假空談。

生命要以正確的理解，能實踐的方法為準則，才能福慧增長。

處世方能圓融，圓滿無礙，不被人工智慧的 e 世代快速淘汰。

探索對話
share

生命覺光　把握當下
掌中之葉　千載難逢

人身難得

A-17

若能體悟緣起中道，生命更上一層樓。

因為心靈的覺光更能透徹了解，擁有人身是珍貴稀有。

猶如掌中葉，千載難逢，難遭難遇。

大地的生命無窮無盡，細菌、螞蟻、昆蟲、魚、蝦類、微生物……等無邊無限的數量，

如森林的樹葉之多，而人類猶如手掌中的一片葉子之稀少。

因此，生命的覺光，必須把握人生，活在當下，活出真正的生命之精華。

探索對話
share

真誠之心　一念三千
感念十方　因緣聚集

海會雲集
A-18

人身難得，真理難遇，人生要活出生命的精華。

雙手合十，起心動念都是真誠之心，

而能一念三千，感念各方善緣漸而凝聚。

因為心念比光速還快，

若能至誠無求、無畏之心念，

能感動天地龍天的護佑，生命才能聚集福德之能量。

探索對話
share

天眼之舞　洞澈未來

人生絢麗　反黑成白

舞動人生

A-19

生命聚集了福德的能量，啟開慧眼。

這猶如天眼之舞，洞澈未來，擁有絢麗的人生。

生命即可由黑轉白，由惡轉善而舞動人生，充滿能量，生命不再黑暗。

探索對話
share

千眼之鳥　一日千里

淨化身心　生命昇華

淨化昇華
A-20

生命中沒有黑暗煩惱汙濁而得清淨，其潔白進化而昇華。

這猶如千眼之鳥，擁有一日千里的正能量，洗滌淨化身心靈。

讓此生生命之功能，昇華擴大無邊。

探索對話
share

光光相映　燈燈不熄
翻轉生命　祝福祈願

希望之光
A-21

生命得到淨化昇華後，必能看見人生，真正希望之光。
而它的光必能翻轉生命，祈願祝福此生命之光，
能光光相映，心燈可燈燈不熄，
普照帶給生命永續的光明和溫暖。

探索對話
share

突破困境　掌握命運
美夢成真　逍遙飛翔

奮起飛揚

A-22

生命有了希望的光明和溫暖熱量，就不會停留在過去的一切，

不掛念未來，而能奮起飛揚，突破生命的一切困境即可掌握自己的命運。

若能掌握自己的命運，生命自然可以逍遙飛翔，美夢成真，快樂自在。

探索對話
share

真心相待　人間和諧
服務分享　微笑人生

皆大歡喜

A-23

人生若能天天快樂自在，生命就有正能量，必受到眾人的肯定。

大眾和你在一起都很歡喜，達成人我和敬彼此真心相待的微笑人生。

因為，若能誠心與大眾服務分享，是富有的。

像有則故事中，有兩兄弟車禍死了，閻羅王讓他們去投胎，

判官說：有兩個名額，第一個是東西都要給別人，第二個專門接受別人的東西。

哥哥選二，弟弟選一，閻羅王判弟弟去當富豪的獨子，哥哥投胎做乞丐兒子。

因此，富有的人生才能給得起，真心的服務與分享，無相的布施才能皆大歡喜。

探索對話
share

未成佛道　先結人緣
成就一切　須具善緣

廣結善緣

A-24

生活中若能做到真正的皆大歡喜，必能廣結善緣。

在世間做事原則是未能成功，先要結人緣，良好的人際關係，即是財富。

因為凡事都要因緣具足，才能成就一切真善美。

所有的功德，沒有善緣，一切空談，與人為善，廣結善緣，

做自己和別人的貴人，必能成就圓滿生命的福慧。

探索對話
share

甘露水　解飢渴　圓滿自在真生命
覺之手　救苦難　覺光普照三千界

覺悟之手

A-25

生命充滿福慧，自然就擁有充滿慈悲覺悟的雙手。

在爾虞我詐，缺乏真愛，

猶如沙漠的人我之間普降甘霖，解其飢渴，讓生命身心自在。

覺悟的雙手，能解救生命中的苦難，讓真正幸福的生命覺光，

真善美的能量，廣大普照為人世間帶來無限的光明。

探索對話
share

共生吉祥真善美　法水長流五大洲　共生共榮愛地球

同體共生

A-26

若世間充滿真善美，

地球上所有的生命互相殺戮會減少，促進人與人之間的共生共榮。

彼此多了些尊重和包容，社會就多一點和諧；國際間增加一些相互合作和信任，達成共生共榮。

讓美麗的母親「地球」上的生命，了解生命的共生，進而共生吉祥。

讓天災人禍少一些，偉大的母親「地球」能永續，覺悟之泉能長流，一切生命離苦皆得安樂。

探索對話 share